L'auteur composant la critique

LA VÉRITÉ,

CRITIQUE DES TABLEAUX EXPOSÉS AU SALLON DU LOUVRE

En 1781.

Prix 16 sous.

LA VÉRITÉ, CRITIQUE DES TABLEAUX

EXPOSÉS

AU SALLON DU LOUVRE

En 1781.

A FLORENCE,

Et se trouve A PARIS,

AU LOUVRE, & chez les Libraires qui vendent les Nouveautés.

M. DCC. LXXXI.

OBSERVATION.

La Louange endort & enorgueillit, la Critique réveille & indiſpoſe. L'une, agréable, délicieuſe, eſt un poiſon lent dont nous nous abreuvons avec un plaiſir inſatiable, & qui fait mourir d'une folle ambition; l'autre, ſemblable au crapaud dégoûtant, n'a pas plutôt vomi ſon venin, qu'on a la douce ſatisfaction de voir dans la boue ſon corps décharné qu'elle traîne avec effort dans un coin, où elle va crever de honte, de dépit & de rage.

En vain on réſiſte aux éloges; on cède, & l'on reçoit de bonne grace l'encens que l'on croit toujours mériter. En vain la Critique aiguiſe ſes dents; elle a beau mordre, elle finit infailliblement par être terraſſée. L'Artiſte engourdi eſt ranimé par la Cenſure; il ſent qu'un nouveau feu vient embraſer ſon ame; & jaloux de ſa réputation, qu'il croit déja ternie, son génie plus élevé, sa patience, son courage & ses soins font éclore sous ses doigts des lauriers immortels, qui lui orneront un jour une place glorieuse au Temple de Mémoire.

A MESSIEURS LES ACADÉMICIENS.

MESSIEURS,

L'ESTIME que Sa Majeſté daigne vous accorder, la protection honorable qu'elle veut bien donner à vos travaux, vos talens, vos mérites perſonnels, les ouvrages que vous avez répandus par toute la terre, & qui vous ont acquis une réputation célèbre qui rejaillit infailliblement ſur l'Ecole Françoiſe, ſans compter l'amitié que je vous ai vouée, le reſpect & la ſoumiſſion que vous inſpirez à tous ceux qui ont l'honneur de vous connoître, & mille autres raiſons qui vous élèvent pendant votre vie au rang des hommes illuſtres, & que votre modeſtie ne me permet pas de dévoiler; tout me fait dire avec les Amateurs, & ne rougiſſez pas d'en convenir, que l'on s'apperçoit de plus en plus que l'art de la Peinture a fait des progrès étonnans; que la correction du deſſin, que la nobleſſe de la compoſition, l'expreſſion du caractère, la fraîcheur des carnations, & l'effet général du clair-obſcur, tout cela eſt on ne peut mieux obſervé dans les Tableaux que nous voyons tous les jours de nos anciens Maîtres; & qu'au contraire, un papillotage déſagréable, un amas de couleurs brillantes, beaucoup d'incorrections, de la bizarrerie dans la compoſition, beaucoup de grimaces pour des graces ſimples & naïves, &c. & dix pages d'& *cætera*, forment un Tableau François bien conditionné. D'après ces égaremens, ſuite néceſſaire de la frivolité de la Nation, j'ai cru qu'un avis ne vous nuiroit pas; recevez-le d'un ami ſincère; il ne ſera pas long : Faites tout le contraire de ce que vous faites, & vous ferez bien. Si vous voulez imiter nos grands hommes, ſi vous voulez paſſer à l'immortalité, ſuivez la marche qu'ils vous ont preſcrite, & ne prenez point une route oppoſée. Etudiez-les ſouvent; copiez la Nature; elle eſt toujours la même; vous y trouverez une ſource de beautés malgré tous ſes défauts. Allez, M. Hallé (1) eſt allé, & n'eſt plus Hallé. Soyez

(1) Feu M. Hallé étoit Recteur de l'Académie.

toujours ce que vous êtes; c'eſt le bonheur que je vous ſouhaite à tous, au nom du Père, du Fils, & du Saint-Eſprit. Ainſi ſoit-il!

A M. PASQUIER, *Académicien.*

Si l'Académie, en refuſant vos Tableaux, vous fit répandre quelques larmes, qu'il eſt conſolant pour vous, Monſieur, après les démarches que vous avez faites, de vous voir triomphant! Je ne ſais ſi le jour leur eſt favorable; mais il eſt certain que ſi le Public, jetant par haſard un coup-d'œil de côté, eſt charmé de les appercevoir, il l'eſt encore bien plus de les voir occuper une place ſi convenable à *leur rare mérite.* Voilà bien des *ſi* qu'on vouloit vous éviter.

A M. LÉPICIÉ, *Profeſſeur.*

Quand vous jouez aux cartes & à la foſſette, mon véritable ami, (1) *ça ne va pas mal, ça ne va pas mal;* mais peindre une Réſurrection de la piété de Fabius Dorſo, *c'eſt difficile, c'eſt difficile;* & je vous conſeille fort de ne plus vous en mêler. Laiſſez l'Hiſtoire, croyez-moi; continuez le genre; vous y réuſſiſſez parfaitement, & on n'a pour ainſi dire que des louanges à vous donner: mais, quant à vos grands Tableaux, on n'eſt pas

(1) Mots favoris de M. Lépicié.

même tenté de les critiquer. Pourquoi vous aviser aussi de ressusciter un grand corps mal fait ? Pourquoi lui donner une couleur de terre ? Est-ce parce qu'il fut trois jours dans le Sépulcre ? Il falloit, pour votre honneur, l'y laisser éternellement. Un Ménageot, un David, auroient eu la gloire d'opérer un plus beau miracle.

A M. DOYEN, *Professeur, premier Peintre de* MONSIEUR *& de Monseigneur* COMTE D'ARTOIS.

Quoi de plus terrible que les combats des Dieux en fureur ! Que de désordre ! que de confusion ! que de carnage ! Tout est soufre, tout est sang, tout est bras, tout est corps : mais les pieds deviennent inutiles, puisqu'ils ont trop d'ame pour songer un instant à fuir ; & c'est bien adroitement que vous n'en avez peint qu'un & demi dans votre Tableau. Oh ! vous êtes charmant ! & il falloit un M. Doyen pour mettre la chaleur, l'expression, l'enthousiasme qu'exigeoit un sujet si divin : aussi l'avez-vous rendu avec des beautés célestes, mais si célestes, qu'on accourt, qu'on s'empresse, qu'on se heurte pour voir Mars vaincu par Minerve ; on s'en retourne, on revient, on s'en retourne encore, & on n'a rien vu que par les yeux de la foi.

A M. VIEN, *Chevalier de l'Ordre du Roi, Directeur de l'Académie de France à Rome, & Recteur.*

D'après le plaisir que l'on a généralement ressenti, en voyant votre Tableau d'Hector & Pâris au dernier Sallon, que ne se promettoit-on pas cette année? Rubens, Vandyck, Le Titien, dont les couleurs flatteuses & vraies séduisent & enchantent le cœur & les yeux; Raphaël, Le Sueur, les Carraches, dont la noblesse de la composition & la correction du dessin étonnent & élèvent l'ame au dessus d'elle-même; tous ces grands Maîtres, l'admiration de l'univers entier, n'étoient plus regrettés, & nous nous flattions qu'ils seroient remplacés par un Artiste non moins célèbre qu'eux. En effet, Monsieur, quel est celui qui auroit pu alors envoyer d'Italie un morceau qui méritât tant d'éloges, pour le fruit des études de quatre années? & qui se seroit imaginé qu'Achille fût devenu aujourd'hui éperdument amoureux de je ne sais qui? Les événemens changent avec le tems; on a chacun son goût, & l'amour est aveugle. Mais si le choix d'Achille n'est pas le mien, je le loue du moins de s'être séparé de sa Maîtresse avec tant d'honnêteté. Elle lui fait, en pleurant, ses derniers adieux : il lui tire poliment sa dernière révérence. Je ne vous parlerai point de la roideur du dessin, du ton noir, lourd &

répété qui règne dans votre Tableau ; je présume que vous ne l'avez point fait sans intention. Mais si c'est-là Briséis, cette superbe esclave qui témoigne à Achille l'excès de sa douleur, causée par la rupture du lien le plus tendre & le plus voluptueux, sa beauté ne plairoit pas dans le siècle où nous sommes.

A M. VANLOO, *Peintre du Roi de Prusse, Professeur.*

Recevez, je vous prie, les complimens que vous méritez au sujet de vos Tableaux d'histoire. Votre Magdeleine pénitente, votre Juif Pharisien & votre sainte Famille, ne vous font pas grand honneur ; on desireroit, Monsieur, plus de correction, plus d'effet, un ton plus vrai, & un pinceau plus vigoureux ; mais on vous passe facilement ces défauts. Par exemple, la Promesse de fidélité, l'Amante abandonnée, & les Amans unis par l'Hymen & couronnés par l'Amour, sont encore plus mal ; on n'en est point étonné, chaque chose a son tems.

Le Dieu de la tendresse
Sourit à la jeunesse,
Et fuit avec courroux
Les vieux & les jaloux, &c.

A M. BEAUFORT, *Académicien.*

Permettez, Monsieur, que je vous fasse ici les complimens que vous attire le Tableau de la mort du chevalier Bayard. Quel sujet peut inspirer à nos cœurs plus d'attendrissemens ? L'époque de la glorieuse fin de ce grand Général passera, comme sa valeur, de bouche en bouche jusqu'aux siècles les plus reculés. Mais, Monsieur, ce n'est rien d'entendre le récit de sa bravoure, il faut voir le noir & le triste qui l'accompagnent dans votre Tableau ; on ne peut le regarder sans pitié.

A M. ROSLIN, *Chevalier de l'Ordre de Vasa, & de l'Académie Royale de Stockholm.*

J'entreprendrois en vain de vous donner des louanges, vos talens sont connus ; mais, sans m'arrêter, comme toutes les femmes, au brillant des étoffes, des pierreries, des plumes, & à tout ce qui flatte la vanité du sexe & du siècle, permettez-moi de vous dire ma pensée sur ces Portraits que l'on trouve si admirables. Dépouillons-les de tous ces accessoirs clinquans ; que restera-t-il ? une tête blanche & rose, sans expression, sans ame & sans caractère. Cependant il faut avouer que les étoffes sont de toute beauté : Ah ! vous seriez un Peintre unique, si la nature n'étoit que draperie !

A M. RENOU, *Adjoint à Secrétaire.*

En voyant, Monsieur, le petit Castor noir sur son gros cheval blanc, dans un ciel tout bleu, on croit voir l'Etoile du ſoir, & non celle du amtin.

Par feu M. AUBRY, *Académicien.*

Les Adieux de Coriolan à ſa femme, au moment qu'il part pour ſe rendre chez les Volſques. *Requieſcat in pace !*

A M. BRENET, *Profeſſeur.*

Ah ! Monſieur, partagez mes chagrins. Mon cœur eſt ſi pénétré de deux ſcènes touchantes que que je viens d'appercevoir, que je ne puis ſupporter ſeul le poids de ma douleur. Quel ſpectacle ! ô Dieux ! & quelle ame pourroit ne point s'attendrir ſur le ſort de trois petits malheureux, d'autant plus intéreſſans qu'ils ſont eſtropiés ! L'un nommé *Rémus*, & l'autre *Romulus*, furent allaités par une louve. Fauſtule vient de les prendre & les porte à ſa femme Larentia, qui leur rendra ſans doute ſes ſecours généreux. Elle les retire avec inquiétude du vilain manteau de ſon mari, d'où ils alloient infailliblement tomber. Le troiſième eſt Œdipe, que la reine de Corinthe adopte pour ſon fils. Quoi de plus effrayant que de voir ce dernier ſuſpendu à un arbre par les talons ! Il eſt heureuſement ſecouru & détaché par Phorbas, berger de Polybe, roi de Corinthe ; mais il lutta tellement contre la mort, qu'il en a les membres tout disloqués. Ah ! Monsieur, ne les laissez point de grace dans un pareil état, car ils seroient bannis de la société, & ne pourroient y paroître sans honte & sans confusion.

Je viens de voir en même tems le combat des Grecs & des Troyens sur le corps de Patrocle ; tout se présente à mes yeux mal-à-propos dans une circonstance semblable : comme Patrocle est laid & défiguré ! on ne le reconnoîtroit jamais là. Qu'Achille est mesquin & maniéré ! Et pourquoi le ton général de ce Tableau est-il vert, triste, sans vigueur & sans effet ? Que les figures sont peu nobles ! que le dessin est pauvre ! que les cuirasses sont d'un mauvais choix ! Ah dame ! c'est qu'à la guerre on n'y regarde pas de si près.

A M. COCHIN, *Conseiller, Chevalier de l'ordre du Roi, & Secrétaire perpétuel de l'Académie de Peinture & de Sculpture.*

Mille productions fines, agréables & savantes, que votre génie se plaît à enfanter tous les jours, vous placent certainement au rang des Artistes les plus distingués ; soyez persuadé que le vrai connoisseur les voit toujours avec le plus grand plaisir, & n'en est jamais rassasié.

A M. VINCENT, *Agréé.*

Que vois-je, Monsieur ? du rouge, du bleu,

du jaune, du vert, du gris, du noir, & ſur-tout du blanc? Enfin, quel eſt ce papillotage qui vient choquer mes yeux? C'eſt le combat des Romains & des Sabins, interrompu par les femmes Sabines. Quel tapage! quel carnage! cela fait frémir d'horreur. Je crois bien que la guerre produit un effet épouvantable; mais n'étoit-il pas poſſible de la peindre d'un ton plus noble & plus tranquille? d'y mettre plus d'accord, ſans changer néanmoins rien à la compoſition qui eſt d'ailleurs très-ſavante, ni au deſſin qui eſt aſſez correct? Le groupe à gauche eſt de toute beauté; les détails ſont charmans, & le tout enſemble, ſi on en excepte la couleur, eſt infiniment au-deſſus des éloges que je pourrois en faire. Je crois que ſon élévation fait un peu de tort à ce Tableau, & rend les figures petites; je deſirerois le voir dans l'atelier du célèbre Artiſte qui l'a compoſé, il doit gagner infiniment.

Ce tableau n'eſt point le ſeul ici qui mérite l'attention des connoiſſeurs, quoi qu'en diſe la Vérité, qui, afin d'avoir plus tôt fait, s'eſt plus attachée aux défauts, qu'aux beautés du Sallon. Voyez ſon voiſin à droite, & fermez les yeux ſur la gauche.

A M. CALLET, *Académicien.*

Zéphir & Flore accourent pour couronner Cybèle. Les vents doux renaiſſent, les Amours reprennent

prennent leur activité, & les habitans de la terre célèbrent par leurs danses & leurs jeux le retour de la saison des fleurs. Ce sujet est plein de graces & de volupté, & on ne peut que vous féliciter du goût dont vous l'avez assaisonné. Tout y est riant & agréable ; mais vous n'éviterez point pour cela quelques petits reproches. Votre tableau n'a point l'accord que je desirerois ; Flore, jalouse avec raison de la beauté de Zéphir, est un peu fanée, & la draperie violette qui voltige en haut est trop dure, &c. Pourquoi faire une femme laide & un joli jeune homme ? Ah ! Monsieur Callet, vous ne serez pas aimé des Dames.

A M. JOLLAIN, *Académicien*.

On dit que Jesus au milieu des Docteurs, n'a pas meilleure mine que les Docteurs au milieu du Sallon ; mais *on dit* est un sot ; ainsi, ne vous désolez point. Par exemple, on est sensé en croyant que Jesus présenté au Temple, seroit mieux à votre atelier qu'au Sallon. Vous devez voir avec plaisir le Public revenir sur ses pas, & réparer son erreur en un instant.

On apperçoit une Figure grande, jaune, noire & laide, qui tourne son vilain dos, & le Catalogue nous dit que c'est le Démon de la guerre, dont l'Humanité veut arrêter la fureur. Comme vous avez exécuté ce morceau ! comme vous l'avez ſenti ! Accourez donc, dame Critique, voyons ſi vous pourrez y mordre. Un Démon doit être bien épouvantable ; & de la manière dont celui-là eſt peint, peut-il l'être davantage ? *Bravo !* voilà comme il faut faire, voilà le vrai genre. Dans le fond du Tableau on voit une Ville embraſée, le Commerce éperdu ; & ſur le devant une Charue briſée, & les attributs des Arts abandonnés. Pluſieurs perſonnes qui ſe trouvoient à mes côtés, m'ont demandé ce que repréſentent ce fond rouge & ces barres qu'il y a ſur le devant de ce Tableau. Quelle queſtion ? J'allois me fâcher, & je leur répondis avec la chaleur que m'inſpiroient dans ce moment les rares beautés de vos ouvrages : Ne voyez-vous point des Charues briſées, les Arts délaiſſés, le Commerce au diable, & l'Embraſement univerſel ? . . . . Nous ne nous en ſerions jamais douté.

Nous avons encore des petits Agar, des petites filles, des petits Chats & des petits Tableaux dont nous ne dirons rien.

A M. TARAVAL, *Adjoint à Profeſſeur.*

Où allez-vous chercher les Graces ? dites-moi, Monſieur, quels ſont vos modèles ? où puiſez-vous le génie de la compoſition ? Deſſin, couleur, expreſſion, on ne voit chez vous qu'une ſource intariſſable de beautés. Grand par-tout, nu par-tout, délicat par-tout, souple par-tout, rose par-tout; nos membres s'arrondissent avec vous, & prennent sous vos pinceaux des formes toutes nouvelles. Quoi de plus beau que cette Amphitrite! Vous devez bien triompher d'un triomphe semblable. Votre Diane au bain est divine; tout y respire une volupté inconcevable: on croit voir Actéon actéoniser les Nymphes tour-à-tour. Et votre Télémaque dans l'île de Calypso? craignez-vous qu'il vous fasse moins d'honneur? Non, non, on y voit à merveille l'intention de l'Auteur. Bras, cuisses, jambes, corps, figures, tout sent une nature étrangère. Ce n'est point tout encore; vous ne brillez pas moins dans le grand: nous avons une Nativité & la Sibylle de Cumes qui prédit à Auguste la naissance de Jesus-Christ, & lui montre une Vierge & un Enfant dans le ciel. Comme c'est peint! Oh Dieux!

A M. VILLE le fils, *Agréé.*

C'est pour l'homme une double récompense, que de recevoir les suffrages de tout le Public, en l'attirant à lui par la beauté des ouvrages qu'il expose à ses yeux. Vous jouissez, Monsieur, plus que tout autre de ce bonheur si doux: j'en suis réjoui; mais permettez que je vous fasse quelques observations. Ce Public est-il toujours juste & connoiſſeur ? Non. Votre Tableau n'eſt point ſans mérite, j'en conviens ; mais il n'eſt pas non plus ſans défauts, & vous en conviendrez vous-même. Une draperie de ſatin attire tous les regards ; qu'on eſt bon ! Ce ſatin eſt dur comme le reſte du tableau ; l'attitude de l'Officier Dragon eſt commune & connue ; & le Seigneur à culotte rouge ſe tient malhonnêtement ſur ſa chaiſe. Il eſt vrai qu'il eſt chez lui ; il s'y met à ſon aiſe, & ne s'attendoit pas d'être porté au Sallon.

A M. ROBIN, *Agréé.*

Nous avons au Sallon, Monſieur, trente - ſix bons Dieux ; par ici c'eſt un bon bon Dieu, par-là un mauvais bon Dieu ; d'un autre côté, c'eſt un bon Dieu dont on ne dit rien ; enfin il en pleut cette année, & vous vous ingérez de nous en donner la Transfiguration ! Ah ! M. Robin, on s'en ſeroit bien paſſé.

A M. BARDIN, *Agréé.*

196 Adoration des Mages.

197 Le Sacrement de Pénitence.

Quand on fait de telles Adorations, on recommence ſa Pénitence.

A MM. LAGRENÉE.

Les éloges que vous avez reçus dans tous les

tems prouvent aſſez combien vos ouvrages enchantent le Public ; mais, Meſſieurs, vous méritez cette année, plus que jamais, les applaudiſſemens des Connoiſſeurs, en leur préſentant Hercule & Omphale, le combat de l'Amour & de la Chaſteté, Moyſe ſauvé des eaux, Ulyſſe ſecouru par Nauſicaa, & une infinité d'autres petits Tableaux dont le mérite eſt généralement reconnu. Cependant ne trouvez pas mauvais que je vous faſſe quelques obſervations ſur vos grands Tableaux, qui ne ſont pas auſſi bien.

C'eſt à M. Lagrenée l'aîné à qui j'ai l'honneur de parler.

Préparatifs du combat de Pâris & de Ménélas.

Pourquoi fourrer Pâris dans un coin ? Pourquoi cacher la moitié de cette figure par une autre ? Il me ſemble que ſi vous aviez développé votre Pâris, que ſi vous l'aviez fait paroître tout entier, votre Tableau n'en eût été que meilleur. Je ne parlerai ni de la couleur, qui eſt ſans vigueur & ſans vérité ; ni des étoffes, qui ſont toutes de même qualité : mais quelle qualité ! Eſt-ce de la laine, eſt-ce de la ſoie ? Je n'en ſais rien. Monſieur votre frère fut plus heureux à ſon tableau repréſentant les Noces de Cana ; compoſition, deſſin, couleur, tout y eſt charmant ; & malgré ſa forme déſagréable, il en a tellement tiré parti, que ce morceau eſt le plus beau des ovales du Sallon. Nous avons le Martyre de ſaint Etienne, la Converſion de ſaint Paul, les Fils de Tarquin admirant la vertu de Lucrèce, &c. &c. Je n'ai point le loiſir d'en parler aujourd'hui.

A M. PARROCEL, *Agréé.*

Tout le monde pleure le ſort d'une Pêche miraculeuſe; on dit qu'elle eſt de vous. Tant pis, Monſieur; elle ne fait point miracle au Sallon.

A M. MARTIN, *Agréé.*

Nous avons un Sacrifice d'Iphigénie, & autre choſe. Je vous en fais mon compliment, Monſieur; cela eſt bien peint en Martin.

A M. MÉNAGEOT, *Académicien.*

Depuis bien du tems la Peinture eſt inconnue de notre nation; il ſemble que Louis XIV, protecteur des Arts, ait épuiſé la ſource du génie. C'eſt à ſon règne qu'on a vu fleurir les talens de tous genres; c'eſt à ſa mort qu'ils furent anéantis: mais notre bon Roi les aime & les récompenſe. Chacun fait, de ſon côté, de nouveaux efforts pour obtenir ſa protection: qui la mérite plus que vous, Monſieur? Votre Léonard de Vincy eſt rempli de beautés étonnantes; compoſition, deſſin, caractère, accord, tout y eſt renfermé: il y règne une harmonie, une magie inconcevable; & j'ose dire, sans hésiter, que non-seulement on ne peut mieux faire, mais qu'aucun Maître ancien n'a mieux fait. Je ne vous en ferai point de compliment : la louange endort; c'est mon observation. Je vous en dirai deux mots : la critique réveille; & c'est encore mon observation.

Je crois que les genoux des Pages sont un peu minces & les jambes un peu longues : voilà tout ce que j'y vois. Le tems répandra plus de mystère dans le ton de couleur; ce qui donnera plus d'intérêt au Tableau. Quant au reste, je suis infiniment trop petit pour chanter ses louanges. Léonard, le Médecin, la Tête de femme dans la demi-teinte, les Pages, le groupe de Figures à droite, tout est admirable. On se promène dans ce Tableau, & les étoffes font illusion.

Nous avons encore l'Etude qui veut arrêter le Tems. Celui-ci est aussi parfaitement composé, bien dessiné : mais la tête de l'Etude n'annonce pas assez son caractère; elle est trop galante, & le bras gauche est mal drapé. Ne vous fâchez pas; j'ai promis de dire la vérité.

A M. DAVID.

Le Public perdroit, si vos ouvrages n'étoient exposés au Sallon. Vous êtes, après M. Ménageot, celui à qui l'on doit le plus de louanges; dessin, couleur, effet, tout eſt de la plus grande vérité chez vous. Votre Peſte eſt de toute beauté ; la tête du jeune homme fait frémir ; tous les détails ſont admirables. Vos deux Académies, votre S. Jérôme, ſont d'un effet, d'une vigueur & d'un ton de couleur charmant : mais, Monſieur, le ton général eſt trop lourd, trop triſte & trop noir ; vos lumières ne ſont pas aſſez larges ; & cela pourra nuire dans la ſuite à vos Tableaux, puiſqu'on les croit déja très-anciens. . . . . .

. . . .

. . . .

. . . .

A M. DUPLESSIS, *Conſeiller.*

Tous vos Portraits ſont ſuperbes, & je les crois infiniment au deſſus de ceux de M. Roſlin. S'il vous ſurpaſſe, ce n'eſt qu'en étoffes ; mais en revanche, Monſieur, vous avez le double mérite de peindre plus gracieux & plus nature que lui. Tout le monde ne penſera pas comme moi, ſurtout les petites Maîtreſſes : peu vous importe ; il n'en eſt pas moins vrai que tous les Connoiſſeurs ſont de mon avis. Le Portrait de Madame Hue eſt d'un goût & d'une reſſemblance parfaite ; le vôtre, celui de M. Tavernery, & tous les autres, ſont d'un moelleux dont M. Roſlin n'approche pas : car voici ſes Tableaux. Une tête découpée du côté de la lumière ſur un fond noir, & du côté de l'ombre ſur un fond clair, de façon que le fond du Tableau eſt noir & blanc: excellent parti, parti infaillible pour donner du ſaillant & du faux à un Portrait. Vous plus ſagement, Monſieur, vous répandez de la vapeur dans vos fonds, vous y mettez de l'accord, & vous évitez par-là le dur des Tableaux à beau ſatin. Ainſi, Monſieur, malgré les acclamations & les grands cris du Public, *Ah! le beau ſatin!* je n'héſite point à vous rendre la juſtice qui vous eſt due. Vous êtes, ſans contredit, le plus grand Peintre en Portrait du Royaume; vous êtes certainement le Vandyck de la France; mais un moment, vous êtes encore loin du véritable Vandyck.

A M. SAUVAGE, *Agréé.*

Je me rappelle d'avoir vu en paſſant à Cambray, pluſieurs Tableaux dans le genre de ceux que vous expoſez au Sallon; je crois, Monſieur, qu'ils ſont à l'Abbaye de Saint-Sépulcre. Tout le monde y eſt trompé; & on ne s'imagineroit jamais qu'ils ſont peints. Les vôtres produiſent preſque le même effet; ils ſont aſſez de plaiſir, ainſi que celui repréſentant une Table ſur laquelle eſt placée une Tête de marbre. Courage, Monſieur; encore un peu d'étude & de peine, & vous ſerez un habile homme.

A M. SUVÉE, *Académicien.*

Vous vous êtes diſtingué cette année, Monſieur, en nous donnant un Tableau allégorique & une Emilie; car on s'imagine, en les voyant, que les alimens & la boiſſon que vous prenez ſont à la glace. Banniſſez-la de chez vous; elle influe, elle nuit ſingulièrement à vos ouvrages. Votre Tableau des Veſtales eſt tout gris; les Veſtales ſe reſſemblent toutes, & les draperies ſont extrêmement dures; le Grand-Prêtre eſt mieux que le reſte du Tableau : votre fond eſt aſſez riche; mais vous n'avez point tiré parti de la fumée que vous avez répandue mal-adroitement de tous côtés; enfin tout cela laiſſe mille choſes à deſirer. Je ne vous dirai point que votre Tableau allégorique eſt bien, parce que je mentirois: & vous n'ignorez pas que je ſuis la Vérité. Je n'eus pas le courage de l'examiner long-tems; mais je me ſuis cependant bien apperçu que votre Renommée a l'air d'avoir beaucoup voyagé. C'eſt très-bien. Oh! je ſais pourquoi vous l'avez peinte ſi maigre; c'eſt qu'elle en volera plus facilement.

A M. VAN-SPAENDONCK, *Académicien.*

Vos Fleurs ſont preſque auſſi belles que la Nature; & je ſuis perſuadé que vous êtes aujourd'hui le plus grand Peintre de ce genre.

A Mme VALLAYER-CORTER, *Académicienne.*

La Vérité trouve vos petits Tableaux de fleurs si naturelles, qu'elle se plaît à le chanter hautement, pour faire taire l'Envie qui ne cesse de dire, *mais si, mais çà, mais encore, mais il auroit fallu, mais* .... Continuez à nous faire part de vos superbes Productions, elles plairont toujours; vous n'avez qu'un rival dans votre genre.

Le Portrait de Madame Sophie de France est aussi fort bien; & si celui de Madame ** manque un peu de vigueur, il est si agréable qu'on oublie facilement ce léger défaut.

A M. BERTHELEMY, *Académicien.*

Apollon, après avoir lavé le sang dont Sarpédon étoit tout défiguré, & l'avoir parfumé d'ambroisie, ordonne au Sommeil & à la Mort de le porter promptement en Lycie, où sa famille & ses amis lui firent de magnifiques funérailles.

Ce Tableau est assez bien composé, mal dessiné, & il est trop couleur de rose : il est trop joli pour la mort de Sarpédon.

A M. ROBERT, *Académicien.*

Vous trouvez, Monsieur, jusques dans les circonſtances les plus triſtes, matière à fournir des Chefs-d'œuvre. Vous nous rendez l'incendie de l'Opéra avec toute l'horreur qu'il a pu inſpirer; on tremble, on frémit au ſeul aſpect d'un Tableau ſi effrayant & ſi vrai : vous n'êtes pas moins étonnant dans vos ruines & vos deſſins; par-tout on reconnoît la main de l'habile Artiſte qui les a faits.

A M. LE PRINCE, *Conſeiller.*

Tous vos ſujets ſont pleins de fineſſe & de gaieté; vos figures ſont touchées avec beaucoup d'eſprit, mais on trouve votre manière un peu maigre, & votre ton factice.

A M. MONNET, *Agréé.*

C'eſt avec la joie la plus parfaite que je vous annonce la ſatisfaction du Public, en voyant vos Tableaux : on s'apperçoit au moins que vous avez voulu faire quelque choſe.

A M. HALLÉ, *Agréé.*

Non, il n'eſt pas poſſible de peindre la Miniature avec plus d'art, de vigueur & de vérité; mais peut-on faire plus reſſemblant? Oui.

A M. DEBUCOURT, *Agréé.*

La jalouſie que vous inſpirez à pluſieurs Meſsieurs de l'Académie, bien loin de vous faire de la peine, vous flatte infiniment; on a beau affecter de cacher vos Ouvrages par des terres cuites, on a beau priver du jour vos petits Tableaux délicieux; la Vérité, Monsieur, fourre son nez par-tout, & dira tout haut que, malgré le mépris que l'on pourroit faire de vos Productions, elles ne méritent pas moins d'éloges que celles dont elle a parlé.

A M. VERNET, *Conseiller.*

On ne pouvoit autrefois, Monsieur, examiner vos Tableaux sans s'extasier; mais, soit que ce genre soit ingrat, & que l'Artiste se trouve forcé de se répéter sans cesse, soit qu'il y ait d'autres raisons que je ne discute pas, il me semble que le Public n'a plus pour vos Tableaux cet enthousiasme qu'il a eu aux Sallons précédens. On trouve le Clair de lune de M. Hue plus vaporeux & plus vrai que les vôtres : je sais que c'est un autre genre, & on peut se tromper; je ne porterai point mon jugement sur ce sujet : tout ce qu'il y a de certain, c'est que vous êtes le plus grand Peintre en marine de ce siècle.

A UN AMI.

Je suis arrivé à Paris depuis quelques jours; & ayant examiné le Sallon avec la plus grande attention; je me suis avisé de dire ce que j'en pensois. Plusieurs Connoisseurs qui m'accompagnoient, raisonnoient très-savamment des Tableaux; & tous d'accord sur les beautés & les défauts que nous y trouvions, ils m'engagèrent à rendre nos Observations publiques. J'hésitai quelque tems; cependant, à force de sollicitations, on parvint à faire de moi ce que l'on desiroit : & j'ai cru qu'en faveur du titre, & de la circonspection avec laquelle cette critique est écrite, elle seroit accueillie favorablement par les illustres & fameux Peintres de l'Académie. Ce sont de petits avis que l'amour des Arts m'inspire, des corrections pures & simples, faites sans prétention, sans tournure, sans amour-propre, & qui ne tendent qu'à les perfectionner. Heureux si j'ai pu réussir! cent fois plus heureux encore si le public en achete autant que je souhaite! Il est vrai que je parois très-blâmable, puisque le Sallon ne fut jamais plus propre à faire briller l'esprit des Complimenteurs; car les Artistes se sont très-distingués cette année, surtout les Peintres d'Histoire; tu verras ce que j'en dis à chaque lettre. Ah! j'avois oublié de parler de M. BARBIER; & cet habile homme ne mérite cependant pas de rester dans l'oubli : il a peint le Siège de Beauvais; & quoique le ton général soit un peu violet, c'est un des Tableaux les plus beaux du Sallon. Nous avons aussi de MM. CASANOVA, HUE, PÉRIGNON, DE MACHY &

WEYLER, de fort beaux Ouvrages. S'il reſte encore d'autres Artiſtes, ils n'ont rien d'étonnant, & je ne t'ennuierai pas du récit des triſtes Productions qu'ils ont faites. Mais, quant aux Meſſieurs dont je t'ai parlé, quoique je n'ai point écrit un mot pour chacun d'eux en particulier, ſois sûr qu'ils le méritent plus que beaucoup d'autres. Ce que je te dis leur parviendra ; &, en voyant l'hommage & la juſtice que je rends à leurs talens, il leur ſera facile d'appercevoir que j'écrivis mes Vérités à la hâte, & qu'il eſt poſſible d'oublier.

Adieu, mon Ami, je t'enverrai dans peu la Critique des Sculptures ; mais aurai-je le courage de les examiner ? J'en doute ; car, à quelques Figures près, tout eſt croûton, tout eſt croûton.

FIN.

www.ingramcontent.com/pod-product-compliance
Ingram Content Group UK Ltd.
Pitfield, Milton Keynes, MK11 3LW, UK
UKHW012125240726
13965UKWH00005B/1972

9 782013 032971